Etwas Kürbis täglich,
keine Krankheit quält dich.

Kürbis-büchlein

Ein Gigant
offenbart seine Möglichkeiten

aufgeschrieben von
Ingrid Bednarsky

BuchVerlag
für die Frau

ISBN 3-89798-063-0

Arrangement und Speisefotos:
Ingrid Bednarsky
Einband, Typografie, Satz:
Lore Jacobi, Jesewitz
Druck:
Klingenberg Buchkunst Leipzig
Buchbinderische Verarbeitung:
Müller Buchbinderei GmbH Leipzig

Printed in Germany

Inhalt

Ein Vergessener meldet sich zurück!

Jahrzehntelang war ihm ein Schattendasein beschieden. Dabei ist er weder klein noch unscheinbar. Ganz im Gegenteil – mit Spitzen-Gewichten bis zu einem Zentner gilt er als *der* Gigant unter den Früchten:

Der KÜRBIS.

Warum nur wurde dieser vielseitige, ergiebige und noch dazu gesunde Geselle so lange missachtet? Vielerorts auf der Welt widmet man sich seit Jahrhunderten der Kürbiszüchtung und -pflege, kreiert facettenreiche, wohlschmeckende Gerichte. Aus der amerikanischen wie der asiatischen, der afrikanischen wie der orientalischen Küche ist die Frucht – die botanisch übrigens kein Gemüse, sondern eine Riesen-Beere ist – nicht wegzudenken. In europäischen und speziell in deutschen Landen jedoch, wo der Kürbis seit über 400 Jahren heimisch ist, versagte man ihm den kulinarischen Ruhm. Lediglich in schweren Zeiten, wenn Lebensmittel knapp waren, genoss die Frucht Anerkennung – ließen sich mit einer einzigen doch viele hungrige Mäuler stopfen. Vermutlich verkochte man dazu den Kürbis einfach zu pampigem Brei oder schaler Suppe, und wahrscheinlich rührt daher sein Ruf als „Arme-Leute-Essen".

Dabei kann Kürbissuppe ebenso wie Kürbis süß-sauer – bis heute als gängiges Indiz für Kürbis-Antipathie ins Feld geführt – ein wahrer Genuss sein. Vorausgesetzt, man beherrscht die geschmackvolle Zubereitung! Leider brachte Christoph Columbus aus Amerika wohl nur den Kürbissamen mit, nicht die dazugehörigen Rezepte, und so blieben die Europäer distanziert.

In den letzten Jahren nun erlebt der Kürbis eine Renaissance. Kürbiszüchter geraten ins Schwärmen: 1,3 Millionen Früchte verkaufte ein Kölner Landwirt laut Presseberichten im Herbst des Jahres 2001! Zur gleichen Zeit nahm eine Schau in Baden-Württemberg für sich in Anspruch, mit 600.000 Exemplaren die größte Kürbisausstellung der Welt zu sein. Kürbis-Spezialitäten-Restaurants haben sich etabliert, ein als „Junger Wilder" bekannter Fernsehkoch gestand öffentlich sein Kürbis-Faible... Ein Tusch für den Kürbis!

Gigantische Vielfalt

Kürbisse, das ist unbestritten, haben kein ausgeprägtes Eigenaroma. Dieses Los aber teilen sie mit anderen Lebensmitteln, beispielsweise mit den Nudeln, die „ohne alles" auch ziemlich fad schmecken. Wer wollte ihnen deshalb den kulinarischen Rang verwehren? Im Gegenteil: Gerade weil sich Nudeln & Co. an vielerlei Zutaten anpassen, sind sie so beliebt.

Beim Kürbis ist es ebenso: Die Zubereitung und die Würze macht's. In Suppen, Saucen, Desserts, Backwaren, Marmeladen, Aufläufen oder Gemüsebeilagen entfaltet der Kürbis seine Qualitäten.

Gebacken, gebraten, geschmort, gedünstet, gegrillt, überbacken, frittiert, püriert, eingelegt, geliert und dabei mit lieblichen oder scharfen, süßen oder sauren, milden oder pikanten Ingredienzien kombiniert, wird der Kürbis zur Delikatesse.

Einzig das blanke Kochen bekommt ihm nicht, da er – selbst zu 90 Prozent aus Wasser bestehend – dann schnell verwässert. Soll Kürbis pur verwendet werden, empfiehlt es sich, das gewürfelte Fruchtfleisch zu dämpfen. Verschiedene Kürbissorten, wie Butternut oder Muskatkürbis, schmecken auch roh.

Die Vielfalt der Kürbiszubereitung ist beinahe grenzenlos. Einige Rezepte finden Sie in diesem Büchlein. Sie sollen als Anregung verstanden sein für eigene kreative Ideen, die Sie in jegliche Richtung entwickeln können.

Räumen Sie auf mit alten Ressentiments, gewähren Sie dem Koloss der Früchte den Platz in der Küche, der ihm gebührt! Wir wünschen riesig gutes Gelingen und gigantischen Appetit.

Alle Rezepte sind für vier Personen berechnet. Die Kürbismengenangaben beziehen sich, wenn nicht anders vermerkt, auf die geschälte, entkernte und entfaserte bzw. zu Püree verarbeitete Frucht. Beim ungeputzten Kürbis müssen Sie ca. ein Viertel Gewichtsverlust einrechnen.

Kürbissuppe nach Asia-Art

*6 Shiitake-Pilze, 600 g Kürbis,
200 g Hühnerbrust,
2 Frühlingszwiebeln, 2 EL Sojaöl,
1 EL trockener Sherry,
1 l Hühnerbrühe,
frische Ingwerwurzel (ca. 2 cm),
1 Sternanis, 1 EL helle Sojasauce,
Salz, 1 Prise Cayennepfeffer,
20 g Reisnudeln.*

Pilze mit kochendem Wasser übergießen, 30 Minuten weichen lassen, in Streifen schneiden. Kürbis klein würfeln. Hühnerfleisch in ca. 1 cm breite Streifen, Zwiebeln in Ringe schneiden. Sojaöl im Wok erhitzen. Pilze, Kürbis und Fleisch anbraten. Nach ca. 2 Minuten die Zwiebel zugeben, weitere 2 Minuten braten. Mit Sherry ablöschen. Den geputzten, geriebenen Ingwer sowie den Anis zugeben. Die Suppe auf kleiner Flamme 10 Minuten köcheln lassen. Mit Sojasauce, Salz und Pfeffer abschmecken. Reisnudeln nach Vorschrift zubereiten und als Einlage in die Suppe geben.

Reistopf vom Balkan

250 g Basmati-Reis,
30 g Butterschmalz,
2 Zwiebeln,
1 TL Curry,
1 Dose geschälte Tomaten (850 g),
ca. 600 ml Gemüsebrühe,
400 g Kürbis,
1 grüne Paprikaschote,
1 Knoblauchzehe,
1 Zweig frischer Thymian,
1 TL Salz, 1 TL Paprika edelsüß,
4 EL saure Sahne, Petersilie.

Den Reis abspülen und im heißen Butterschmalz anbraten. In Ringe geschnittene Zwiebeln zugeben und mitdünsten, bis sie glasig sind. Curry überstäuben. Tomaten abgießen, den Saft auffangen und mit Gemüsebrü-

he auf 750 ml auffüllen. Den Tomatensaft an den Reis gießen und alles 10 Minuten köcheln lassen. Die zerkleinerten Tomaten, den gewürfelten Kürbis, die in Streifen geschnittene Paprika, fein gehackten Knoblauch sowie Thymian unter die Suppe mischen, weitere 10 Minuten garen. Mit Salz und Paprikapulver würzen. Den Reistopf mit saurer Sahne und gehackter Petersilie garnieren.

Kürbispizza

Teig:
30 g frische Hefe, 200 ml Bier,
400 g Mehl, 1 TL Salz, 5 EL Olivenöl.
Belag:
500 g Kürbis, 250 ml trockener
Weißwein, 4 EL Tomatenmark,
1 Ei, 150 g Schmand,
Salz, Cayennepfeffer,
Kräuter der Provence,
2 Knoblauchzehen, 4 EL Olivenöl,
200 g Champignons, 1 Zwiebel,
3 EL Blattpetersilie,
3 EL Kürbiskerne,
200 g Mozzarella.

Die zerbröckelte Hefe in 4 EL lauwarmem Bier verrühren. In die Mitte des gesiebten Mehles eine Mulde drücken, die Hefe hineingießen und mit etwas Mehl vermengen. Den Vorteig zugedeckt an einem warmen Ort 20 Minuten gehen lassen. Salz, Öl und löffelweise das restliche Bier untermischen. Den Teig so lange kräftig durcharbeiten, bis er nicht mehr klebt. Nochmals zugedeckt an einem warmen Platz 1 Stunde gehen lassen. Erneut kräftig durchkneten und auf einem gefetteten Blech dünn ausrollen.

300 g Kürbis würfeln, im Wein ca. 10 Minuten weich dünsten und pürieren. Tomatenmark, Ei und Schmand unterrühren, mit Salz, Cayennepfeffer und Kräutern der Provence würzen. Kürbisbrei auf dem Pizzateig verteilen. Knoblauch grob zerteilen, im heißen Olivenöl andünsten, aus der Pfanne nehmen. In Scheiben geschnittene Champignons, Zwiebelringe und den rest-

lichen gehobelten Kürbis nacheinander anbraten. Pizza mit Pilzen, Zwiebel, Kürbisschnitzen und Oliven belegen. Gehackte Petersilie, Kürbiskerne und zerkleinerten Mozzarella darüber streuen. Pizza mit 2 EL Öl beträufeln und im vorgeheizten Backofen bei 200 °C etwa 20 Minuten backen.

Tipp: Kürbis ist nicht nur für den Pizza-Belag, sondern auch für den Teig geeignet. Für diesen Pizzateig wie für viele andere Kürbisrezepte benötigt man Kürbispüree, das sich auf zwei verschiedene Arten zubereiten lässt. Kürbispüree kann eingefroren oder in Gläsern sterilisiert werden, so dass es lohnt, eine größere Menge auf Vorrat herzustellen.

Kürbispüree

Dämpf-Methode:
Gewürfeltes Kürbisfleisch in einem Dämpfeinsatz ca. 20 Minuten garen, dann mit dem Stabmixer fein pürieren oder mit der Gabel zerdrücken. Das Püree in einem feinen Sieb abtropfen lassen, am besten über Nacht im Kühlschrank. Die abgetropfte Flüssigkeit lässt sich gut für Suppen und Saucen verwenden.

Backofen-Methode:
Den halbierten Kürbis mit Schale in eine leicht gefettete, feuerfeste Form legen. Die Schnittfläche kommt nach unten, damit sie nicht bräunt. Im Backofen bei 180 °C ca. 40 Minuten weich garen. Kürbis etwas abkühlen lassen, das gare Fleisch mit einem

Löffel aus der Schale heben und pürieren. Ist das Püree zu wässrig (bei sehr weichen Kürbissen), gibt man es ebenfalls zum Abtropfen in ein Sieb.

100 Gramm Kürbisfleisch ergeben je nach Sorte 50 bis 80 Gramm Püree.

Eingefrorenes Kürbispüree lässt man nach dem Auftauen noch einmal abtropfen.

Pizzateig mit Kürbis

350 g Mehl,
1 TL Salz,
1 Würfel (42 g) frische Hefe,
1 TL Honig,
1 EL Kürbiskernöl,
350 g Kürbispüree.

Mehl und Salz vermischen. Hefe mit dem leicht erwärmten Honig verrühren, in eine Vertiefung des Mehles geben und leicht einarbeiten. Öl und Kürbispüree zufügen und den Teig ca. 10 Minuten zu einer geschmeidigen Masse kneten. An einem warmen Platz zugedeckt 30 Minuten gehen lassen. Den Teig noch einmal durchkneten, in vier Stücke teilen und jedes einzeln ausrollen. Nach Geschmack belegen.

Vegetarisches Kürbismenü

Vorspeise: Rucola-Kürbis-Salat

300 g Kürbis (Butternut),
150 g Rucola-Salat (Rauke),
3 Frühlingszwiebeln,
1 rote Paprikaschote, 2 EL Distelöl,
1 EL Kürbiskernöl,
1 EL Zitronensaft, 2 EL Sahne,
Kräutersalz, Pfeffer, Basilikum,
20 g Parmesan am Stück.

Kürbis in mundgerechte Würfel schneiden, 8 Minuten dämpfen. Rucola-Salat waschen. Zwiebeln in feine Ringe schneiden, Paprika würfeln. Vom Kürbis-Garsud 50 ml abmessen, mit Öl, Zitronensaft und Sahne verrühren und herzhaft abschmecken. Sauce zum Kürbis geben, 30 Minuten durchziehen lassen. Rucola mit Zwiebel und Paprika vermischen, Parmesan darüber raspeln und das Frischgemüse mit Kürbis servieren.

Suppe: Käse-Kürbis-Cremesüppchen

20 g Butterschmalz, 1 Zwiebel,
600 g Kürbis, 1 Knoblauchzehe,
800 ml Gemüsebrühe,
200 g Frischkäse mit Kräutern,
4 EL Weißwein, Salz, weißer Pfeffer,
Muskat, Thymian,
1 Frühlingszwiebel, 2 EL Schmand,
40 g Mandelblättchen,
1 EL Schnittlauchröllchen.

Butterschmalz im Topf erhitzen und die fein gewürfelte Zwiebel darin glasig dünsten. In Stücke geschnittenen Kürbis und zerdrückten Knob-

lauch zugeben, 5 Minuten unter häufigem Umrühren ziehen lassen. Die Hälfte der Gemüsebrühe angießen, 8 Minuten weiter schmoren lassen. Mit restlicher Gemüsebrühe im Mixer pürieren. Käse in der heißen Suppe auflösen, Weißwein zugeben und mit den Gewürzen abschmecken. In feine Ringe geschnittene Frühlingszwiebel und Schmand unterrühren. Suppe mit Mandelblättchen und Schnittlauch bestreuen.

Hauptgericht: Pasta mit Kürbissauce

2 Zwiebeln, 2 Knoblauchzehen,
350 g Kürbis, 3 EL Olivenöl,
2 EL Tomatenmark,
2 EL Balsamico-Essig,
3 EL trockener Sherry,

200 ml Gemüsebrühe,
1 Dose (850 g) geschälte Tomaten,
Tomaten-Würzsalz, 2 Spritzer Tabasco,
je 1 Prise Oregano und Rosmarin,
2 EL Schmand, 500 g Spaghetti,
1 Strauß Basilikum.

Zwiebeln, Knoblauch und Kürbis würfeln, in 2 EL Olivenöl 5 Minuten dünsten. Tomatenmark, Essig, Sherry und Brühe zugeben, ca. 10 Minuten garen, mit dem Stabmixer grob pürieren. Die in Stücke geschnittenen geschälten Tomaten zugeben, mit den Gewürzen abschmecken. Schmand unter die Sauce rühren. Pasta in Salzwasser al dente kochen, abgießen und mit 1 EL Olivenöl zurück in den heißen Topf geben. Mit Kürbissauce und Basilikumblättchen servieren.

Dessert: Kürbisparfait mit Aprikosen

200 ml Apfelsaft, 400 g Kürbis, 200 g getrocknete Aprikosen, je 1 Prise gemahlener Ingwer, Zimt und Kardamom, 2 TL Ahornsirup, Erdbeeren, 100 ml süße Sahne.

Apfelsaft aufkochen, klein geschnittene Aprikosen 5 Minuten darin garen. Die Hälfte der Aprikosenstücke herausnehmen und den Rest mit gewürfeltem Kürbis sowie Gewürzen weitere 10 Minuten dünsten. Das gare Obst pürieren, mit Ahornsirup abschmecken. Die zweite Hälfte der Aprikosen wieder dazugeben und das Parfait 2 bis 3 Stunden im Eisschrank gefrieren lassen. Mit Erdbeeren und Sahne garnieren.

Der gesunde Runde

Dass der Kürbis gerade heute seiner „Verbannung“ entflieht, hat vielerlei Gründe. So haben nicht nur die Feinschmecker entdeckt, dass Obst- und Gemüsesorten aus Urgroßmutters Zeiten – wie Rauke (Rucola), Pastinake, Schwarzwurzel, Mangold und eben Kürbis – eine köstliche Bereicherung für die moderne Küche bieten. Und eine gesunde noch dazu! Hier weist der Kürbis Vorzügliches auf:

100 Gramm seines Fleisches enthalten lediglich 25 bis 30 Kilokalorien, aber jede Menge Vitamine und Mineralstoffe in einer für den Stoffwechsel hervorragenden Abstimmung. Insbesondere Kalium, Phosphor und Kalzium sind reichlich

vorhanden; daneben auch Magnesium, Natrium, Eisen und das Krebs hemmende Spurenelement Selen. Die vielseitig verwendbaren Kürbiskerne sind zudem mit mehrfach ungesättigten Fettsäuren angereichert. In den Heilwirkungen gleicht der Kürbis also einer gut sortierten Hausapotheke. Unter anderem werden ihm beruhigende, Abwehr stärkende, aufbauende, entgiftende, entwässernde, abführende und entwurmende Eigenschaften zugeschrieben. Erkrankungen von Herz, Magen, Darm und Nieren, Bronchien und Lungen zählen ebenso zu seinen therapeutischen Einsatzgebieten wie die allgemeine Stärkung des geschwächten Organismus. In vielen Kulturen verehrt man den Kürbis zudem als Symbol der Fruchtbarkeit.

Neben dem Engagement für gesundheitsbewusste Ernährung hat gewiss die wachsende Beliebtheit internationaler Küchen dafür gesorgt, dass der Kürbis auf unsere Speisezettel zurückgekehrt ist. Die mediterrane Gastronomie brachte vor einiger Zeit schon zwei andere Vertreter der Kürbisfamilie zu uns: Zucchini und Patisson. Sie öffneten dem Kürbis sozusagen ein „Hintertürchen", durch das er sich den Weg zur kulinarischen Anerkennung bahnen konnte.

Außer der mediterranen und der asiatischen macht in Deutschland zunehmend die amerikanische Küche ihren Einfluss geltend. Hier spielt der Kürbis eine überragende Rolle. Nicht nur, dass der amerikanische Kontinent als Kürbis-Heimat an sich gilt –

auch ein Fest, das in den USA zum Kult gedieh, hat den Kürbis im wahrsten Sinne des Wortes in ein neues Licht gerückt: Halloween. Woher dieses Fest stammt, welche Traditionen und Bräuche sich damit verbinden, das lesen Sie am Ende dieses Büchleins.

Kürbis mit Liebe schmeckt besser als Braten mit Zank.

Mahlzeit in der Kürbiszeit: Aus Topf, Pfanne und Ofen

Linsensuppe mit Kürbis

500 g Linsen,
je 1/2 TL Salz, Zucker und schwarzer Pfeffer,
1 Lorbeerblatt, 500 g Kürbis,
2 Möhren, 2 Knoblauchzehen,
2 TL Curry, 1 Zweig Thymian,
1 EL Weißweinessig,
1 EL Kürbiskernöl,
4 Frühlingszwiebeln,
200 g Knackwurst mit Kümmel,
2 EL Stärkemehl, 2 EL Weißwein,
2 EL gehackte Petersilie.

Linsen über Nacht in 1,5 l Wasser einweichen. Mit Salz, Zucker, Pfeffer und Lorbeer aufkochen und den gewürfelten Kürbis zugeben. Nach

10 Minuten Kochzeit die in feine Scheiben geschnittenen Möhren, die durchgepressten Knoblauchzehen, Curry und Thymian zur Suppe geben, bei Bedarf noch etwas Wasser, und weitere 5 Minuten kochen, bis die Linsen weich sind. Den Essig unterrühren.

Kürbiskernöl in der Pfanne erhitzen, die Lauchzwiebelringe und die zerkleinerte Knackwurst darin andünsten. Stärkemehl überstäuben und etwas bräunen lassen, Weißwein zugeben, alles gut verrühren und unter die Linsensuppe rühren. Mit Petersilie bestreut heiß servieren.

Amaretti-Kürbis-Suppe

1 Zwiebel, 1 EL Butterschmalz,
500 g Kürbis, 1 l Milch,
100 g Amaretti,
je 1 Prise Nelkenpulver, gemahlener Zimt und Cayennepfeffer, Salz,
1 TL brauner Zucker,
Minzeblättchen.

Fein gewürfelte Zwiebel im Butterschmalz andünsten. Gewürfelten Kürbis zugeben und ca. 2 Minuten mitdünsten. Mit 500 ml Milch ablöschen. Amaretti zerbröseln, die Hälfte zur Suppe geben und 20 Minuten garen. Mit der restlichen Milch pürieren, würzen und nochmals aufkochen. Gehackte Minzeblättchen einstreuen und mit Amarettibröseln garniert servieren.

Nelken
Zimm

Deftige Kürbissuppe

Suppe:
1 Gemüsezwiebel,
100 g Schinkenspeck,
2 EL Olivenöl,
600 g Kürbis,
125 ml Orangensaft,
1 l Gemüsebrühe, Salz, Pfeffer,
1 TL Kurkuma (Gelbwurz).
Einlage:
2 EL Öl, 75 g Schinkenspeck,
4 Scheiben Vollkorntoast,
2 Knoblauchzehen,
Salz, Paprika,
4 EL saure Sahne.

Zwiebel fein würfeln, Schinkenspeck in dünne Streifen schneiden. Öl erhitzen, Zwiebel und Schinken darin glasig schwitzen. In Würfel geschnit-

tenen Kürbis zugeben und 3 Minuten mitdünsten. Mit Orangensaft ablöschen. Gemüsebrühe zugeben, aufkochen, Gewürze beifügen und die Suppe 20 Minuten kochen. Mit dem Mixstab fein pürieren. Öl erhitzen, Schinkenwürfel darin anbraten. Aus der Pfanne nehmen und im gleichen Bratfett die Toastbrotwürfel mit dem durchgepressten Knoblauch rösten. Mit Salz und Paprika würzen. Suppe mit Sahne garnieren, mit Schinken und Brotwürfeln servieren.

Kürbis-Tomaten-Gratin

1 kg Kürbis,
1 Zwiebel,
100 g Schinkenspeck,
2 EL trockener Sherry,
50 ml Gemüsebrühe,
150 ml Sahne,
1 TL Kräuter der Provence,
Salz, Pfeffer,
1 Dose (850 g) geschälte Tomaten,
einige Blättchen frischer Basilikum,
100 g Reibekäse,
1 EL Semmelbrösel.

Kürbis putzen und in kleine Würfel schneiden. Zwiebel fein hacken und im gewürfelten Speck glasig dünsten. Den Kürbis zugeben und kurz andünsten, mit Sherry und Gemüsebrühe ablöschen. Sahne angießen. Kräuter überstreuen, salzen und pfeffern. Zugedeckt bei geringer Hitze fünf Minuten garen. Tomaten abgießen, würfeln und mit den klein gezupften Basilikumblättchen unter das Gemüse mischen. Alles kurz aufkochen und den Auflauf in eine gefettete Form füllen. Käse mit Semmelbröseln vermischen, darüber streuen und das Gratin bei 200 °C rund 25 Minuten überbacken.

Kürbispuffer

600 g Kartoffeln,
500 g Kürbis,
3 EL Kartoffelkloßmehl,
4 EL Mehl,
2 Eier,
1 Prise Salz,
1 EL vorgeweichte Sultaninen,
Öl, Zucker.

Kartoffeln schälen, Kürbis in Spalten schneiden. Beides reiben, mit Kloßmehl, Mehl und Ei klümpchenfrei vermischen. Salzen und die gut abgetropften Sultaninen untermischen. Die Puffer im heißen Öl von beiden Seiten goldbraun backen, mit Zucker bestreuen. Dazu Püree aus Kürbis und Apfel, mit Vanillezucker und Zimt zubereitet.

ZUC

Kürbisschnitzel

700 g Kürbis,
Salz,
100 g Mehl,
1 EL Milch,
1 EL Bier,
2 Eier,
Semmelbrösel, Öl.

Kürbis in ca. 1 cm dicke Scheiben schneiden, diese mit Salz bestreuen und 30 Minuten lang zwischen zwei Tellern ziehen lassen. Mehl mit Milch, Bier und Eiern verrühren, quellen lassen. Die Kürbisscheiben nacheinander durch den Teig ziehen, in Semmelbröseln wenden und im heißen Öl goldgelb ausbacken. Mit Kartoffelbrei und Salat servieren.

Kürbisomelett

2 Zwiebeln,
4 EL Öl,
300 g Kürbis,
1 Knoblauchzehe,
4 EL Sahne,
je 1 Prise Salz, Pfeffer und Thymian,
4 Eier, 4 EL Milch, Muskat.

Zwiebeln fein würfeln, im erhitzten Öl andünsten. Kleinwürflig geschnittenen Kürbis und durchgepressten Knoblauch und Sahne zugeben. Bei festen Kürbissorten noch etwas Gemüsebrühe angießen. 10 Minuten dünsten und würzen. Die Eier mit der Milch verrühren, mit Salz und Muskat würzen, über das Gemüse geben und langsam stocken lassen. Dazu schmecken Baguette und frischer Salat.

skat

Kürbisauflauf mit Hackfleisch

500 g Kürbis, Salz,
1 Zwiebel, 2 EL Öl,
400 g Hackfleisch halb und halb,
Pfeffer, Oregano, Thymian,
Basilikum, 250 g Pasta,
2 Eier, 250 g Schmand,
200 g geriebener Käse.

Kürbis hobeln, salzen und Saft ziehen lassen. Fein gehackte Zwiebel im Öl andünsten. Hackfleisch mit Salz, Pfeffer und Kräutern würzen, in der Pfanne durchrösten. Pasta in Salzwasser bissfest garen. Eine gefettete Auflaufform abwechselnd mit Kürbis, Pasta und Hackfleisch füllen. Eier mit Schmand verrührt über den Auflauf gießen und Käse darüber streuen. Bei 180 °C in ca. 30 Minuten goldgelb backen.

Kürbis überbacken

600 g Kürbis, Salz,
2 EL Olivenöl, Pfeffer,
250 g Champignons,
4 Frühlingszwiebeln,
einige Stängel Petersilie,
1 EL Butterschmalz,
50 g Reibekäse,
4 EL Semmelbrösel,
2 EL Butter.

Kürbis in Scheiben schneiden, salzen, einige Zeit ziehen lassen. Trockentupfen, pfeffern und im Ofen auf einem mit Backpapier belegten Blech bei 200 °C ca. 30 Minuten backen, nach 10 Minuten wenden. Frühlingszwiebel in feine Ringe schneiden, Petersilie hacken. Champignons in kleine dünne Scheiben schneiden, im Butterschmalz andün-

sten. Zwiebel und Petersilie zugeben, mit Salz und Pfeffer würzen und 3 Minuten garen lassen. Die Pilzmischung über den gebackenen Kürbisscheiben verteilen. Reibekäse und Semmelbrösel mischen, darüber streuen und Butterflöckchen aufsetzen. Kürbisscheiben bei rund 200 °C überbacken, bis der Käse goldgelb wird. Dazu passt Reis und ein frischer Salat.

Kleine Kürbis-Kunde

Botanisch repräsentieren Kürbisse die Gattung Cucurbita aus der Familie Kürbisgewächse (Cucurbitaceae), der auch Gurke und Melone angehören. Ursprünglich in tropischen und subtropischen Gebieten zu Hause, wächst der Kürbis heute überall in Europa.

Weltweit sind rund 25 Kürbisarten und 800 Sorten bekannt, in den unterschiedlichsten Formen und Farben. Alle essbaren Exemplare fasst man unter dem Namen „Speisekürbis" zusammen. Zu ihnen zählen beispielsweise Gelber Zentner, Hokkaido, Muskatkürbis oder Bischofsmütze. Sie sind Winterkürbisse: Man erntet sie ausgereift im Herbst und kann sie dank ihrer harten Schale und dem festen Fruchtfleisch den Winter über lagern – am besten auf Holzrosten im ca. 10 °C kühlen, dunklen Keller. Je nach Sorte halten sich die Kürbisse bis zu sechs Monate lang.

Die Sommerkürbisse, zu denen beispielsweise Butternut, Patisson, Rondini und Zucchini zählen, werden unreif geerntet. Sie sind sehr wasserhaltig und halten sich nur kurze Zeit. Dafür haben sie weder Kerne noch Fasern. Auch ihre Schale kann, zumindest bei jungen Exemplaren, mitgegessen werden.

Um die Reife eines Kürbis' zu testen, braucht man nur „anzuklopfen": Klingt es hohl, ist der Kürbis ausgereift. Auch ein verholzter Stiel zeigt die Reife an.

Ein guter Kürbis muss ordentlich

Gewicht auf die Waage bringen; ist er zu leicht, enthält er zu viele Kerne und zu wenig essbares Fruchtfleisch.

Tipps für die Kürbis-Küchen-Praxis

Verarbeitet wird der Kürbis zwangsläufig stückchenweise (Wer kennt nicht den Witz von der „Kürbisbowle mit ganzen Früchten"?). Mit einem großen scharfen Messer schneidet man aus dem Kürbis einzelne Segmente heraus, wobei das Messer vom Stiel zum Blütenansatz geführt wird. Danach werden die Kerne und die weichen Fasern mit einem Löffel herausgeschabt. Schließlich schält man die Stücke – bei kleinen Exemplaren geht das mit einem Sparschäler, sonst mit dem scharfen Messer – und verfährt weiter nach Rezept. Hartschalige Kürbisse kann man auch komplett in die Backröhre schieben, bei 180 °C etwa 50 Minuten garen, dann teilen, entkernen und mit einem Esslöffel auskratzen. Ein angeschnittener Kürbis hält sich, in Folie verpackt, rund eine Woche lang im Kühlschrank.

Aus überschüssigen Resten bereitet man Kürbispüree (siehe Rezept S. 23), das man tiefgefroren sechs Monate lang lagern kann.

Nicht nur nebenbei: Kürbis als Beilage

Kürbisgemüse mit Rahm

500 g Kürbis, Salz,
1 Zwiebel, 1 EL Butter, Pfeffer,
250 ml saure Sahne,
1 TL Stärkemehl,
1 Prise Paprika edelsüß,
1 EL gehackter Dill.

Kürbis in schmale Streifen hobeln, salzen und kurz ziehen lassen. Zwiebel fein hacken und in der Butter anrösten. Kürbisstreifen ausdrücken, zugeben und mit Salz und Pfeffer würzen. Sahne mit Stärkemehl, Paprika und etwas Wasser glatt rühren, über den Kürbis gießen und in ca. 10 Minuten weich dünsten. Mit Dill bestreut auftragen.

Kürbisstangen in Sahne

800 g Kürbis, Salz,
1 TL Zucker,
Butter,
250 ml saure Sahne,
Semmelbrösel.

Das Kürbisfleisch stangenförmig schneiden, als Bündel mit Bindfaden fixieren. In wenig Salzwasser mit dem Zucker ca. 10 Minuten glasig dünsten. Auf einem Sieb abtropfen lassen. Faden lösen und die Kürbisstangen in eine gebutterte Auflaufform legen. Mit der sauren Sahne begießen und bei 180 °C rund 15 Minuten überbacken. Zum Servieren mit in Butter gerösteten Semmelbröseln bestreuen. Lecker dazu mit Käse überbackene Kräuterfrikadellen.

Kürbiszüchter am Werk!

Anspruchslos und dankbar, wie die Kürbispflanze ist, beschert sie auch dem weniger geübten Kleingärtner gigantische Zuchterfolge. Auf humusreichem, sonnig gelegenem und nicht zu üppig gewässertem Boden gedeiht sie prächtig. Nur eines braucht die Kürbispflanze reichlich: Platz. Je mehr Raum sie hat, desto größere Früchte entwickelt sie.

Kürbissamen findet man in reicher Auswahl in jedem Garten- oder Baumarkt. Natürlich kann man sie auch selbst aus reifen Kürbissen gewinnen: Die ausgelösten Samen waschen, mit einem Tuch abreiben und einzeln ausgelegt bei Zimmertemperatur trocknen. Gesät werden die Kürbissamen nach den letzten

Mai-Frösten direkt ins Freiland (Achtung, auch Vögel mögen Kürbiskerne!).

Lohnend ist die Vorkultur ab April auf der Fensterbank. Dazu steckt man die Samenkörner einzeln in Torftöpfchen, die später mitsamt der Pflanze ins Beet eingegraben werden. Da der Stängel unterhalb der Keimblätter neue Wurzeln bildet, kann man die Pflanze tief in die Erde setzen.

Stark rankende Kürbissorten wachsen jeden Tag bis zu 20 cm. Für die Reife allerdings brauchen die Früchte Zeit. Beim Sommerkürbis spielt das keine Rolle: Man erntet ihn unreif, schon ab sechs bis acht Wochen nach der Aussaat. Lässt man Sommerkürbisse zu groß werden, verliert die Pflanze ihre Kraft und bildet keine neuen Früchte mehr. – Winterkürbisse hingegen müssen ausreifen, was Wochen oder gar Monate dauern kann. Man erntet sie im Spätsommer und Herbst, sobald der Stiel braun und korkartig geworden ist. Eine Woche vor der Ernte schneidet man den Hauptstängel durch, damit das überflüssige Wasser über die Blätter verdunsten kann. Will man den Kürbis lagern, darf sein Stiel nicht abbrechen.

Bis zum ersten Frost muss die Kürbisernte abgeschlossen sein; einmal gefrorener Kürbis beginnt zu faulen.

Frisch aus dem Ofen: Allerlei Gebäck

Kürbisplätzchen

200 g Butter,
150 g brauner Zucker,
2 Eier,
250 g Kürbispüree,
1 Vanilleschote,
1 Prise Salz,
1 Prise Zimt,
60 g gehackte Haselnüsse,
50 g Raspelschokolade,
250 g Mehl,
1 TL Backpulver.

Etwas erwärmte Butter mit Zucker verschlagen. Mit Eiern und Kürbispüree zum glatten Teig vermengen. Ausgekratztes Vanillemark, Salz, Zimt, Nüsse und Schokolade untermischen. Gesiebtes Mehl mit Backpulver unterheben, den Teig gut durcharbeiten.

Mit einem Teelöffel kleine Teigkugeln abstechen und auf ein gefettetes Blech setzen. Im vorgeheizten Ofen bei 180 °C ca. 10 Minuten backen. Nach Belieben glasieren und dekorieren.

Kürbismuffins

200 g Mehl, 2 TL Backpulver,
100 g brauner Zucker,
je 1 Prise gemahlener Kardamom,
Ingwer und Salz,
abgeriebene Schale von 1 Zitrone,
6 EL Pflanzenöl,
100 ml Buttermilch,
2 Eier,
250 g Kürbis,
100 g Puderzucker.

Gesiebtes Mehl, Backpulver, Zucker und Gewürze vermengen. Öl, Milch und Eier verschlagen und unter die Mehlmischung geben. Kürbis raspeln, zum Teig geben, alles gründlich mischen. Masse in eine gefettete Muffinform füllen und bei 180 °C etwa 25 Minuten backen. Mit Puderzucker bestäuben.

Kürbisnapfkuchen

200 g Zucker, 4 Eier,
2 EL Zitronensaft,
50 ml Ahornsirup, 50 g gemahlene Mandeln,
100 g gemahlene Kürbiskerne,
250 g Kürbis,
$^1/_2$ Päckchen Backpulver,
100 g Mehl,
150 g Kuchenglasur Rumgeschmack.

Zucker und Eier schaumig schlagen. Zitronensaft, Ahornsirup, Mandeln und Kürbiskerne zugeben. Kürbis raspeln und untermischen. Mehl mit Backpulver hineinsieben, alles gut durcharbeiten. Den Teig in eine gefettete Napfkuchenform geben und im vorgeheizten Backofen bei 180 °C rund 45 Minuten backen. Nach dem Erkalten glasieren.

Kürbistorte mit Baiserhaube

Teig:
130 g Butter, 250 g Mehl,
1 Prise Salz,
25 ml Ahornsirup, 1 Ei
Belag:
120 g gehackte Haselnüsse,
3 EL brauner Zucker, 40 g Butter,
300 g Kürbispüree,
200 g Schmand,
je 1 Prise Salz und Anis,
1 TL Zimt, 2 EL Honig,
1 Päckchen Vanillepudding,
2 Eier, 3 EL Orangensaft
Haube:
3 Eiweiß, 150 g Zucker.

Mehl mit Butter zu Streuseln verkneten. Salz, Ahornsirup, Ei und 2 EL Wasser zugeben und alles zum geschmeidigen Teig verarbeiten. In

Folie einpacken und 30 Minuten in den Kühlschrank legen. Teig in eine gefettete Springform geben, dabei einen ca. 4 cm hohen Rand andrücken. Mehrmals mit der Gabel einstechen. Nüsse mit Zucker und zerlassener Butter verrühren, auf den Teig streichen. Kürbispüree mit Schmand mischen, Gewürze, Honig, Puddingpulver, Eier und Fruchtsaft zugeben. Die Kürbis-Schmand-Masse in die Form gießen und die Torte bei 180 °C rund 30 Minuten backen. Eiweiß mit Zucker steif schlagen, auf der Torte verteilen und weitere 15 Minuten bei 175 °C auf Sicht backen. Umluftherde dabei auf Ober- und Unterhitze einstellen. Das Baiser soll nur leicht Farbe nehmen.

Kerne und Co.

Kürbiskerne einfach wegzuwerfen, käme einem Frevel gleich. Die zarten Kerne mit ihrem nussartigen Aroma schmecken zu Salaten, Suppen, Backwaren oder pur als Knabberei gleichermaßen gut. Gesund sind sie außerdem: So soll der tägliche Genuss einer Handvoll Kürbiskerne die Blasenmuskulatur kräftigen.

Um die Kürbiskerne haltbar zu machen, lässt man sie an einem warmen Ort gut trocknen. Dann werden sie geschält (eine ideale Beschäftigung für nasskalte Novemberabende!), auf ein mit Backpapier belegtes Blech gelegt, leicht gesalzen und, je nach Geschmack, mit etwas Zucker oder Pfeffer überstäubt. Bei 180 °C bäckt man sie rund 30 Minuten lang im Ofen und füllt sie abgekühlt in dunkle Schraubgläser.

Ebenso kann man sie in einer beschichteten Pfanne mit Kräutern rösten. Lichtgeschützt und trocken aufbewahrt, halten sich die Kürbiskerne mehrere Wochen.

Grob gehackt, fein gemahlen oder im ganzen passen Kürbiskerne an viele Gerichte. In Backrezepten ersetzen sie beispielsweise die gehaltvollen Nüsse und Mandeln. Oder probieren Sie einmal ein schmackhaftes Pesto aus Kürbiskernen!

Kürbiskern-Pesto

50 g Kürbiskerne,
50 g Rucola-Salat,
4 EL Olivenöl,
1 EL Kürbiskernöl,
2 EL Schnittlauchröllchen,
abgeriebene Schale von 1/2 Zitrone,
2 EL Parmesan,
Salz, Pfeffer.

Kürbiskerne und Rucola-Salat mit dem Schneidstab nicht zu fein zerkleinern. Öl, den ganz fein geschnittenen Schnittlauch, Zitronenschale und Parmesan untermengen. Mit Salz und Pfeffer pikant abschmecken. Das Pesto passt gut zu Nudelgerichten oder als Füllung für gekochte Eier.

Das dickflüssige, dunkelgrüne Kürbiskernöl eignet sich gut zum Braten. Für den Salat mischt man es mit einer neutralen Ölsorte, um den intensiven Geschmack etwas zu mildern. *Kürbiskernöl* ist dank der reichlich enthaltenen ungesättigten Fettsäuren, Vitamine und Mineralstoffe außerordentlich gesund. So bindet es körpereigenes Cholesterin, was den Cholesterinspiegel im Blut senken hilft und damit einer Verkalkung der Arterien vorbeugen kann.

Wer ein Faible für Außergewöhnliches hat, sollte einmal mit *Kürbisblüten* experimentieren. Man kann sie beispielsweise füllen und backen oder durch Bierteig ziehen und frittieren. Zudem geben sie eine gute Dekoration ab.

Der Kürbis im Glase: Marmelade und Chutney

Dank seiner sämigen Konsistenz ist Kürbis hervorragend für Marmeladen geeignet. Da Kürbis zu den säurearmen Früchten zählt, kann man das Gelieren unterstützen, indem man zusätzlich 1 Beutelchen (5 g) Zitronensäure unter die fertig gekochte Mischung rührt.

Neben den hier vorgestellten sind für Kürbismarmeladen auch Kombinationen mit Apfel, Grapefruit, Nektarine, Pfirsich, Quitte und Traubensaft reizvoll. Die passende Würze liefern Ingwer, Gewürznelke und Vanille, aber auch Weiß- und Portwein.

Kürbis-Aprikosen-Marmelade

500 g Kürbis,
500 g getrocknete Aprikosen,
600 ml Orangensaft,
4 Vanilleschoten, 1 Zitrone,
1 kg Zucker,
1 Beutel (20 g) Gelierfix.

Kürbisfleisch und Aprikosen klein würfeln, mit Orangensaft übergießen, das ausgekratzte Vanillemark zugeben. Bei geringer Hitze 20 Minuten garen. Die Masse pürieren. Zitronenschale und -saft, 2 EL Zucker und Gelierfix untermischen, unter Rühren aufkochen. Restlichen Zucker zugeben, erneut aufkochen und 1 Minute brodeln lassen. Marmelade in saubere Gläser füllen und diese gut verschließen.

»K-K-K«
Kürbis-Ananas-Konfitüre
...
Kürbis-Aprikosen-Marmelade

Kürbis-
Tomaten-
Chutney

Fruchtmarmelade K-K-K

(Kürbis-Kumquat-Kiwi)

400 g Kürbis,
150 g Kumquat, 500 g Kiwi,
300 ml Orangensaft,
2 EL Zitronensaft,
1 Beutel Gelierfix,
1 kg Zucker.

Kürbis in kleine Würfel, ungeschälte, gewaschene Kumquat in feine Scheiben schneiden, dabei die Kerne herauslösen. Kiwi schälen, in dünne Scheiben schneiden. Kürbis mit Orangensaft aufkochen, 10 Minuten garen lassen. Die Stücke mit der Gabel grob zerdrücken. Kumquat bis auf ca. 10 Scheiben zufügen, weitere 5 Minuten kochen. Kiwi zur Fruchtmasse geben und alles noch 4 Minuten köcheln lassen. Topf vom Herd nehmen, restliche Kumquat-Scheiben, Zitronensaft und Gelierfix mit 2 EL Zucker vermischt unterrühren. Die Marmelade erneut aufkochen, Zucker einrieseln lassen, wieder zum Kochen bringen und eine Minute lang sprudeln lassen. In Schraubgläser füllen und diese bis zum Gelieren auf den Deckel stellen, damit sich die Fruchtstücke gut verteilen.

Kürbis-Orangen-Marmelade

500 g Kürbis,
7 Apfelsinen,
1 Beutel Gelierfix,
500 g Zucker.

Kürbis raspeln. Von drei Apfelsinen die Schale in dünne Streifchen schneiden. Sechs Apfelsinen auspressen. Die siebte in Scheiben zerteilen, dabei die Kerne herauslösen. Den ausgepressten Saft aufkochen, Kürbisraspel und Apfelsinenschale hineingeben, 10 Minuten kochen und mit dem Mixstab grob pürieren. Gelierzucker mit 2 EL Zucker vermischt zugeben, aufkochen. Restlichen Zucker auffüllen, erneut zum Kochen bringen und eine Minute lang durchkochen. Kurz vor Ende der Kochzeit die Apfelsinenscheiben mit dem Schaumlöffel vorsichtig unter den Fruchtbrei heben. Marmelade in Gläser füllen und dabei jedes mit ein bis zwei Apfelsinenscheiben bestücken. Nach Belieben kann man die Marmelade mit 4 EL Grand Marnier, den man ganz zum Schluss zugibt, abrunden.

Kürbis-Ananas-Konfitüre

650 g Kürbis,
1 Dose Ananasstücke
(Abtropfgewicht 340 g),
je 1 Prise Anis und Kardamom,
1 Beutel Gelierfix,
1 kg Zucker.

Kürbis fein würfeln. Ananas abgießen. Den Saft auffangen, die Stücke noch einmal durchschneiden. Kürbiswürfel mit dem Ananassaft und 200 ml Wasser aufkochen, würzen und 10 Minuten dünsten. Den weichen Kürbis mit einer Gabel zerdrücken. Ananas zugeben, weitere 4 Minuten kochen. Gelierfix und Zucker in der bereits beschriebenen Weise zugeben und kochen. Die fertige Konfitüre in Gläser füllen.

Ein Hauch Exotik

Chutney, eine dicklich eingekochte stückige Würzpaste, stammt aus Indien. Man bereitet das Chutney aus Gemüse, Früchten und pikanten Gewürzen zu. Durch Essig und Zucker wird es haltbar gemacht und bekommt den typischen süß-sauren Geschmack.

Chutney schmeckt als pikante Beilage zu Fleisch und Fisch, zu Aufschnitt, jeder Art von Gegrilltem sowie zu Gerichten der indischen Küche. Bis zur Verwendung sollte die Paste mindestens sechs bis acht Wochen an einem kühlen, trockenen Platz „reifen". Da sich Chutney rund ein Jahr hält, lohnt die Zubereitung größerer Mengen.

Kürbis-Chutney mit Aprikose und Apfel

*250 g Sultaninen,
500 g säuerliche Äpfel,
500 g Kürbis,
250 g getrocknete Aprikosen,
2 Zwiebeln, 500 g brauner Zucker,
700 ml Weißweinessig,
1 TL Salz, je 1/2 TL weißer Pfeffer,
Zimt und Anis, 2 Nelken.*

Sultaninen mit heißem Wasser übergießen und weichen lassen. Äpfel schälen und entkernen, mit Kürbis und Aprikosen in Würfelchen schneiden. Zwiebeln fein hacken. Alle Zutaten in einen Topf füllen, Zucker untermischen, mit Essig übergießen und würzen. Die ausgedrückten Sultaninen zugeben, alles zum Kochen bringen und unter häufigem

Umrühren 75 bis 90 Minuten köcheln lassen. Nach Bedarf noch nachwürzen. Wenn die Flüssigkeit fast verdunstet ist, in Gläser abfüllen und fest verschließen.

Kürbis-Chutney mit Tomaten

400 g Kürbis, 400 g feste Tomaten,
2 Zwiebeln, 1 Knoblauchzehe,
250 ml Weißweinessig,
2 EL Balsamico-Essig,
200 g Rohrzucker,
1 TL Salz, 1/2 TL Pfeffer,
1 Stück frischer Ingwer
(fein gerieben),
1/2 Stange Zimt, Tabasco.

Kürbis fein würfeln. Tomaten kurz mit kochendem Wasser überbrühen, achteln und dabei die Stielansätze herausschneiden. Zwiebeln würfeln und gemeinsam mit dem zerquetschten Knoblauch in 4 EL Wasser andüsten. Essig und Zucker angießen und aufkochen. Kürbis, Tomaten und Gewürze zufügen und die Masse 40 Minuten leise köcheln lassen. Gegen Ende der Kochzeit häufiger umrühren. Es sollte ein wenig Flüssigkeit übrig bleiben, da sich das Chutney während des Abkühlens noch verfestigt. In Gläser füllen und fest verschließen.

Andere Kombinationsmöglichkeiten für Kürbis-Chutney bieten Ananas, Birne, Dattel, Feige, Kumquat, Mango, Trockenpfirsich, Lauch sowie Paprika- oder Chilischote.

Kürbis zum Gruseln

Halloween, die mystische Nacht vom 31. Oktober zum 1. November, ist in den USA seit langem als „Grusel-Fest“ beliebt. Scharen von Geistern und Gespenstern, Hexen und Monstern, Skeletten und Vampiren bevölkern in dieser Nacht die Straßen. Auch in Deutschland findet der ursprünglich keltische Brauch immer mehr Anhänger. „Erfunden“ wurde Halloween schon vor über 5.000 Jahren von den Iren. Erst um 1840 gelangte das Fest mit Auswanderern nach Amerika.

Den Ursprung des Halloween-Festes bilden Samhain und Beltane, die beiden Höhepunkte des keltischen Jahres. Beltane bezeichnete den Anfang des Sommers, Samhain sein

Ende. Da die Kelten nur zwei Jahreszeiten unterschieden, bedeutete Samhain - datiert auf den heutigen 31. Oktober - zugleich den Winterbeginn und das Jahresende. Die Arbeit in der Landwirtschaft war beendet, die Großfamilie wieder häuslich vereint. Grund genug, zu feiern und diversen Zeremonien zu frönen.

Viele an Samhain beliebte Prophezeiungen und Orakel galten dem Zeitenlauf. Der Zeit des Lichtes folgte die Periode der Nacht und an diesem Wendepunkt, so glaubte man, seien die Wände zu anderen Welten besonders dünn. Dünn genug, dass die Seelen der Verstorbenen, die an diesem Abend „Ausgang“ hatten, in ihr einstiges Zuhause zurückkehren konnten. Diesem Ereignis begegneten die Lebenden mit Achtung und

Furcht gleichermaßen. Um die Ahnen zu ehren und sie dennoch davon abzuhalten, Schaden über Haus und Hof zu bringen, stellte man ihnen Speise und Trank bereit. Dann ging man rasch zu Bett und überließ die Stube den halbgebetenen Gästen.

Eine andere Deutung meint, die zurückgekehrten Toten suchten sich an Samhain einen lebendigen Körper, in dem sie das kommende Jahr verbringen können. So verkleidete man sich möglichst abschreckend, löschte die Feuer und zog lärmend durch die Straßen, um die Geister fernzuhalten.

Nicht nur fürs Halloween-Büfett: Kürbis-Snacks

Kürbis-Käse-Küchlein

400 g Kürbis,
Salz, 50 g Mehl,
150 g Schafskäse, 1 Ei,
1 Zweig Dill, Pfeffer, Olivenöl,
2 EL gehackte Kürbiskerne.

Kürbis raspeln, leicht salzen und Saft ziehen lassen. Gut auspressen und das Mehl darüber stäuben. Zerkrümelten Käse, verquirltes Ei und gehackten Dill zugeben und gut vermengen. Mit Salz und Pfeffer würzen. Mit einem Esslöffel Portionen abstechen, flach drücken und im heißen Öl von beiden Seiten knusprig backen. Mit Kürbiskernen bestreuen.

Kürbis-Chips

500 g Kürbis,
Salz, Öl, Paprika, Kümmel, Curry.

Kürbis in dünne Scheiben hobeln, salzen und auf Küchenkrepp legen, bis der Saft herausgezogen ist. Scheiben auf ein geöltes Backblech geben, mit jeweils verschiedenen Gewürzen bestreuen und bei 200 °C knusprig backen. Warm servieren.

Kürbiscocktail mit Walnuss

150 g Kürbispüree,
80 g gehackte Walnüsse,
1 Flasche Sekt.

Kürbis mit Walnüssen im Mixer verschlagen. Sekt aufgießen und nochmals kurz durchrühren.

Kürbistaschen

*450 g Blätterteig (TK),
500 g Kürbispüree, 100 ml Sahne,
50 g brauner Zucker,
1 Päckchen Vanillepudding,
3 Eier, 8 ml Rum-Aroma,
100 g geriebene dunkle Schokolade,
1 Eigelb*

Blätterteig 10 Minuten auftauen lassen. Jede Platte zweimal halbieren und ausrollen. Kürbispüree mit Sahne, Zucker, Puddingpulver, Eiern, Aroma und Schokolade vermischen. Kürbismasse über die Hälfte des Blätterteigs verteilen, die andere Hälfte darüber legen. Ränder fest andrücken. Kürbistaschen mit Eigelb bestreichen und auf einem gefetteten Blech bei 180 °C ca. 20 Minuten backen.

Süßes kriegen oder sauer sein

Der beliebteste aller amerikanischen Halloween-Bräuche – ‚Trick or Treat' („Streich oder Geschenk" oder, weniger freundlich, „Süßes her, sonst gibt's Saures!") – ist auch hierzulande gang und gäbe. Gruselig verkleidet, ziehen die Kinder klingelnd von Haus zu Haus. Ein paar Süßigkeiten genügen als Gabe. Geizhälse aber müssen mit unangenehmen Überraschungen rechnen: Kaugumm im Schlüsselloch, Pflaster über dem Klingelknopf...

Der „Trick or Treat" - Brauch könnte ebenfalls von den Kelten stammen. Die in den Stuben kredenzten Speisen und Getränke lockten möglicherweise arme, hungrige Mitmenschen an, dem leeren Magen eine kostenlose Wohltat zu verschaffen. Um nicht aufzufallen, verkleideten sie sich als toter Vorfahr, sprich Gespenst.

Andere Historiker sehen den Ursprung von „Trick or Treat“ im „Seelen“, einem europäischen Brauch aus dem 9. Jahrhundert. Zu Allerseelen, dem 2. November, zogen frühe Christen von Dorf zu Dorf und bettelten um „Seelenkuchen“, ein quadratisches Brot mit Johannisbeeren. Für jeden Kuchen versprach der Empfänger ein Gebet für verstorbene Angehörige des Spenders. Da man glaubte, diese Gebete würden den Toten den Weg in den Himmel ebnen, gab man die Kuchen gerne und großzügig ab.

Süßes Früchtchen: Kürbis für Leckermäuler

Kürbis-Zimt-Eis

250 ml Joghurt,
100 ml Milch,
2 Vanilleschoten,
2 EL Zimt,
180 g brauner Zucker,
2 Eigelb,
250 g Kürbispüree.

Joghurt und Milch in einen Topf geben. Ausgekratztes Vanillemark und Zimt mit 100 g Zucker vermischen, in die Milch einrühren und aufkochen lassen. Vom Herd nehmen und noch zwei Minuten weiterrühren. Die Eigelbe mit dem restlichen Zucker in einem weiteren Topf verschlagen, die Milch in dünnem

Strahl einlaufen lassen, unter ständigem Rühren bei geringer Temperatur erhitzen. Die Masse soll etwas eindicken, darf aber nicht kochen. Das Kürbispüree unter die Creme mischen und die Eismasse erkalten lassen, dabei ab und zu umrühren. Die vollständig abgekühlte Creme in die Eismaschine füllen und nach Vorschrift gefrieren lassen. Kürbis-Zimt-Eis lässt sich gut mit Schokoladeneis und Pistazieneis kombinieren. Dazu passt mit Vanillezucker aufgeschlagene süße Sahne.

Kürbismousse

300 g Kürbis, je 4 EL Zitronen- und Orangensaft, 1 EL Butter, 100 g Zucker, 1 Ei, 1 Eigelb, 250 g weiße Schokolade, 200 ml Sahne, Minzeblättchen.

Kürbis raspeln. Zitronen- und Orangensaft mit Butter und Zucker vermischen, aufkochen. Kürbis zugeben, 10 Minuten köcheln lassen. Abgekühlt durch ein Sieb streichen. Ei und Eigelb schaumig schlagen. Schokolade im Wasserbad auflösen, unter die Eimasse heben und mit der Kürbismasse vermengen. Geschlagene Sahne und zerkleinerte Minzeblättchen ebenfalls unterheben und die Mousse drei Stunden kühl stellen. Mit Sahne und Schokoraspel garnieren.

Kürbiskompott mit Orangen

500 g Kürbis,
3 Orangen,
30 g Butter,
2 EL Honig,
125 ml Orangensaft,
1 Päckchen Vanillezucker.

Kürbis in ca. 1 cm breite Spalten schneiden. Orange schälen und filetieren. Kürbis und Orangenfilets in der heißen Butter andünsten, Honig zugeben und gut rühren, bis die Flüssigkeit verdunstet ist. Mit Orangensaft ablöschen. Vanillezucker zugeben und die Masse ca. 5 Minuten köcheln lassen. Das Kompott schmeckt zu Stracciatellaeis und frischen Früchten.

Teufelsstreich und Rübenlaterne

Als Requisit der Halloween-Nacht ist der Kürbis unverzichtbar. Ausgehöhlt und mit einer Kerze bestückt, die durch die eingeschnitzte Fratze gruseliges Licht verbreitet, soll er Haus und Hof vor bösen Geistern schützen.

In keltischen Zeiten war der Kürbis noch eine Rübe, und dazu gibt es wieder eine Geschichte. Ihr zufolge lebte in Irland einst ein alter Hufschmied namens Jack, der seine Zeit am liebsten in der Kneipe totschlug. Als Jacks Lebensuhr abgelaufen war, wollte der Teufel seine Seele holen. Doch Jack narrte den Höllenboten: Einen Abschiedswhiskey wolle er in seinem letzten Atemzug noch trinken. Großmütig verwandelte sich der

Teufel in eine Münze, um die Zeche zu begleichen. Jack aber steckte die Münze schnell in seine Geldbörse, die mit einem silbernen Kreuz verschlossen war. So saß der Teufel fest, bis er Jack ein weiteres Lebensjahr zugestanden hatte.

Ein Jahr später stand der Teufel wieder vor der Tür. Diesmal erklärte Jack, er wolle noch einen Apfel essen, den ihm der Beelzebub pflücken solle. Kaum saß der Teufel auf dem Baum, zückte Jack sein Messer und schnitzte ein Kreuz in den Stamm. Diesmal bestand Jack auf ewigem Leben, und gezwungenermaßen akzeptierte der Teufel.

Jacks Triumph währte nur kurz, denn sein ausgezehrter Körper beschloss alsbald, den Weg alles Irdischen zu gehen – er starb. Und nun? Der Himmel war dem Trunkenbold als ewige Ruhestätte verschlossen, und die Hölle... da war der genarrte Teufel vor. Statt einem Plätzchen für die Ewigkeit überließ er Jack nur ein Stückchen glühende Kohle als Laterne (engl.: lantern) für den Weg durch die immer währende Dunkelheit. Jack packte die Kohle in eine ausgehöhlte Rübe aus seinem Proviantsäckel und wandert seither als Jack O'Lantern ruhelos umher. Das wohl typischste Symbol für Halloween war kreiert.

Halloween-Brot

je 250 g Weizen- und Roggenmehl,
je 330 g brauner Zucker und
weißer Zucker, 2 TL Natron, 1 EL Salz,
je 1 Prise Zimt und Muskat,
4 Eier, 250 ml Öl,
500 g Kürbispüree,
150 g Korinthen,
150 g Walnüsse,
50 g Kürbiskerne.

Mehl, Zucker, Natron und Gewürze mischen. Eier, Öl, 150 ml Wasser und Kürbispüree zugeben. Durchkneten, Korinthen und gehackte Walnüsse unterheben. Teig in eine gefettete und mit Kürbiskernen ausgestreute Brotform geben (2 bis 4 Portionen), mit Kürbiskernen bestreuen. 75 Mi-

nuten bei 190 °C backen. Der Teig eignet sich auch für Bagels oder Muffins; Backzeit: 20-25 Minuten.

Hefebrot mit Kürbis

550 g Weizenmehl,
250 g Roggenmehl, 40 g Hefe,
500g Kürbispüree,
3 TL brauner Zucker, 4 EL Butter,
je 1 Prise gemahlener Ingwer und
Kardamom, 2 TL Salz, 1 Eigelb.

Mehl, zerbröckelte Hefe, Kürbispüree, Zucker und Butter zum Teig kneten, würzen, eine Stunde ruhen lassen. Durchkneten, Brotlaibe oder Brötchen formen, einschneiden und nochmals 15 Minuten gehen lassen. Mit Eigelb bestreichen. 30 Minuten bei 185 °C backen.

Kreative Kürbisköpfe

Mit den irischen Einwanderern hielt auch Jack O'Lantern Einzug in die USA. Allerdings befand man, dass der in Amerika heimische robuste Kürbis besser als Hauswächter geeignet sei als die profane Steckrübe. Auch in punkto Kreativität bieten Kürbisse gewiss mehr Möglichkeiten.

Zum Kürbis-Schnitzen gehört ein wenig Professionalität. So sollte man darauf achten, dass der künftige Jack O'Lantern reif ist. Er lässt sich dann besser aushöhlen, und sein Fruchtfleisch bleibt verwendbar. Je größer der Kürbis, desto einfacher ist er zu bearbeiten.

Zuerst schneidet man mit scharfem, schmalem Messer oder besser noch mit einem Sägeblatt an der Ober- oder der Unterseite einen Deckel aus. Der Schnitt von unten bringt mehr Standfestigkeit und empfiehlt sich, will man den Kürbis über eine Kerze stülpen.

Mit einem Löffel werden Kerne, Fasern und Fruchtfleisch bis auf eine etwa zwei Zentimeter dicke Wand herausgeschabt. Das künftige Gesicht des Jack O'Lantern zeichnet man am besten auf Papier vor und befestigt die Vorlage mit Stecknadeln auf dem Kürbis. Dann sticht man die Umrisse mit einer Rouladennadel durchs Papier in die Frucht. Mit einem gezackten Messer werden zuerst die inneren und die kleinen, danach die äußeren und die großen Teile ausgeschnitten.

Beleuchtet wird der Kürbis mit Teelichtern oder besser noch mit einem elektrischen Licht. Letzteres bietet mehr Sicherheit und schützt den Kürbis vorm Austrocknen, wobei ein trockener Kürbis im halbstündigen Wasserbad wieder auffrischt. Auf jeden Fall sollte man einige Luftlöcher oben in den Kürbis schneiden, damit die Hitze entweichen kann.

Nach vollbrachter Schnitzerei den Kürbis auf eine feuerfeste Unterlage stellen, die Kerze anzünden und – gruseln!

Immer eine Überraschung wert: Kürbis gefüllt

Kürbis mit Reisfülle

1 Hokkaido-Kürbis, ca. 1,5 kg,
3 EL Olivenöl, 1/2 Tasse Wildreis,
1 1/2 Tassen Hühnerbrühe,
Salz, 1 Lorbeerblatt,
200 g Brokkoli, 250 g Hackfleisch,
4 Frühlingszwiebeln,
1 EL Semmelmehl, 2 EL Kürbiskerne,
Kräuter der Provence, Pfeffer,
4 Champignons,
150 g Schafskäse,
1 EL gehackte Petersilie,
4 EL Sahne, 2 EL Kürbisöl

Vom Kürbis einen Deckel abschneiden, Kerne und Fasern ausschaben. Reis in 1 EL Olivenöl andünsten. Hühnerbrühe aufgießen. Mit Salz

und Lorbeer nicht zu weich garen. Brokkoli blanchieren und zerteilen. Hackfleisch mit fein geschnittenen Zwiebeln, Semmelmehl und gehackten Kürbiskernen vermischen, mit Kräutern der Provence und Pfeffer kräftig abschmecken und in heißem Olivenöl anbraten. Reis, Brokkoli, Hackfleisch, zerkrümelten Schafskäse, gehackte Petersilie und Sahne mischen. Kürbis innen mit Kürbisöl, Salz und Pfeffer bestreichen, in eine Auflaufform setzen und füllen.

Im vorgeheizten Ofen bei 200 °C ca. 90 Minuten backen. Ab und zu etwas Wasser in die Form geben. Den Deckel in den letzten 10 Minuten aufsetzen. Der Kürbis ist gar, wenn die Schale Blasen wirft.

Rezeptverzeichnis

Aus dem lieferbaren Mini-Angebot

Kochbüchlein

Apfelessig-Büchlein
Das besondere Backbüchlein • Bierbüchlein
Berlin & Mark Brandenburg kulinarisch
Böhmisches Kochbüchlein • Brotbüchlein
Gebackene Desserts • Gemüseraritäten
Gesundes aus dem WOK • Honigbüchlein
Kaffeebüchlein • Kloß- und Knödelbüchlein
Kochbüchlein Lausitz
Kochbüchlein Sachsen-Anhalt
Kraut und Rüben • Küchenkräuterbüchlein
Kürbis-Büchlein • Likör & Pralinen
Neues Nudelbüchlein
Mecklenburg Vorpommern kulinarisch
Neues Fischbüchlein • Ostpreußen-Kochbüchlein
Pommern kulinarisch • Sachsen kulinarisch
Sauerkrautbüchlein • Schokoladenbüchlein
Schlesisches Kochbüchlein • Sektbüchlein
Stollenbüchlein • Teevergnügen
Thüringen kulinarisch • Weinbüchlein
Whiskybüchlein • Würzige Knabbereien

Pflanzenbüchlein

Balkonfreuden • Mythos Ginkgo • Naturapotheke
Pilzbüchlein • Wildfrüchtebüchlein

Der besondere Band

ABC der Zimmerer • Berlin für die Westentasche
Das kleine Bach-Büchlein
Erzgebirgisches Weihnachtsbüchlein
Faust-Zitate • Flirt, Flirt • Frühlingsbüchlein
Goethe-Zitate • Die grüne Fee: Absinth
Herbstbüchlein • Hundebüchlein
Das kleine Kamasutra • Katzenbüchlein
Küchenbüchlein • Liebes Bett • Lippen locken…
Nietzsche-Zitate • Ostereierbüchlein
Pferdebüchlein • Rainer Maria Rilke
Das kleine Sachsenbuch
Sandmännchen-Büchlein • Schiller-Zitate
Schnupfenbüchlein • Shakespeare-Zitate
Sommerbüchlein • Von Jahr zu Jahr
Wetter- & Bauernregelbüchlein
Weisheiten der Welt • Wilhelm Busch-Zitate
Winterbüchlein

BuchVerlag für die Frau
Postfach 100348 • 04003 Leipzig